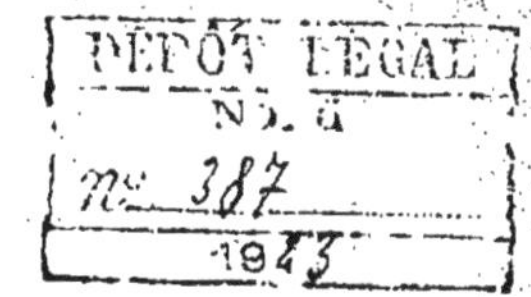

ELIE REUMAUX

INGÉNIEUR DE L'ÉCOLE SUPÉRIEURE DES MINES DE PARIS,

COMMANDEUR DE LA LÉGION D'HONNEUR,

OFFICIER DE L'ORDRE DE LÉOPOLD DE BELGIQUE,

PRÉSIDENT DU CONSEIL D'ADMINISTRATION
de la Société des Mines de Lens.

1838-1922

ELIE

REUMAUX

INGÉNIEUR DE L'ÉCOLE SUPÉRIEURE DES MINES DE PARIS,

COMMANDEUR DE LA LÉGION D'HONNEUR,

OFFICIER DE L'ORDRE DE LÉOPOLD DE BELGIQUE,

Successivement Ingénieur, Ingénieur en Chef, Directeur Général,
Président du Conseil d'Administration de la Société des Mines de Lens,

Président du Conseil d'Administration de la Société Houillère de Sarre et Moselle,

Administrateur de la Compagnie du Chemin de fer du Nord,

Président d'Honneur de la Société des Ingénieurs Civils de France,

Vice-Président du Comité Central des Houillères de France,

Administrateur honoraire de la Société de l'Industrie Minérale
et Président d'Honneur du District Nord,

Membre d'Honneur des Associations de Liége, Mons et Louvain,

Ancien Membre du Comité Consultatif des Mines,
de la Commission du Grisou,
du Conseil de Perfectionnement de l'École Supérieure des Mines de Paris,

Grand Prix aux Expositions Universelles de Paris 1889,
Hors Concours en 1900,

Vice-Président aux dernières Expositions de Louvain, Liége et Bruxelles.

LA VIE ET LA MORT

de

Monsieur Elie REUMAUX

(1838-1922)

> *" De la vie des hommes qui ont marqué leur passage d'une manière durable, recueillons pieusement pour l'enseignement de la postérité jusqu'aux moindres paroles, aux moindres actes propres à faire connaître les aiguillons de leurs grandes âmes ".* PASTEUR.

Monsieur ELIE REUMAUX naquit le 13 novembre 1838 à Wemaers-Cappel d'une très ancienne famille de Flandre et passa toute sa première jeunesse parmi les laborieuses populations flamandes dont les qualités traditionnelles d'ordre, de travail opiniâtre et méthodique ont, de tout temps, formé des hommes de caractère et de devoir. Ce goût pour le travail, cette persévérance dans l'effort, servis par un remarquable esprit d'organisation, devaient faire de lui un des hommes les plus éminents de son temps.

La famille Reumaux était originaire de Comines. Lors de l'annexion de la Flandre à la France, vers 1665, un de ses aïeux vint s'établir près de Cassel, à Bavinchove ; on peut encore voir sa pierre tombale dans l'église de cette commune.

Un de ses petits-fils s'installa à Zuydpeene et plus tard, à Zermezeele, dont il fut maire. Désigné comme suspect en 1793, il fut emmené à Arras où Joseph Lebon devait le juger ; mais le 9 Thermidor le sauva et il fut renvoyé dans ses foyers. Il avait un fils, Winoc Reumaux, qui mourut à l'âge de 48 ans, laissant trois fils et trois filles. L'un de ces fils, Benoît Reumaux, reprit une exploitation agricole de famille à Wemaers-Cappel et épousa Virginie Winckeel, d'Herzeele.

De ce mariage naquirent neuf enfants, sept fils et deux filles. Elie Reumaux était le second enfant et l'aîné des fils. Benoît Reumaux avait un frère, Louis, Doyen de Bailleul, doué d'une intelligence remarquable, qui l'engagea à donner à ses enfants une instruction supérieure.

C'est ainsi que le fils aîné, Elie, fut envoyé en 1849, âgé de onze ans, au collège mixte d'Hazebrouck, institution dirigée par l'abbé Dehaene, mais où l'enseignement était donné par des maîtres universitaires. Elie Reumaux y resta huit années, en sortit avec le baccalauréat ès-lettres et se rendit alors à Dunkerque, au collège des Dunes, pour y préparer le baccalauréat ès-sciences. Il en subit les épreuves avec succès, en 1857, à Lille, devant un jury présidé par Pasteur, qui était à cette époque Doyen de la Faculté des Sciences.

Muni de son double diplôme de bachelier et désirant se présenter à l'École Polytechnique, il partit en janvier 1858 à Paris et suivit les cours du Lycée Charlemagne; pour raisons de santé, il dut renoncer à l'École Polytechnique, mais sans se décourager, il se présenta à l'École Nationale Supérieure des Mines où il fut admis le 10 novembre 1859.

Outre son frère Tobie, étudiant en médecine à cette époque, Elie Reumaux avait pour camarades habituels Adolphe Carnot, Cambon, de Lapparent, pour ne citer que les plus connus, et fréquentait M. Ignace Plichon, Député du Nord, homme affable, qui l'accueillit maintes fois chez lui.

Après trois années de travail assidu, Elie Reumaux reçut le « brevet » du Conseil de l'École, le 30 mai 1863 (on appelait ainsi, à cette époque, le diplôme d'ingénieur civil des Mines).

M. Plichon le fit entrer aux Mines de Béthune qu'il quitta un an après pour Cauchy-à-la-Tour. — L'impulsion qu'il donna à ce charbonnage le fit de suite distinguer.

C'était l'époque où le bassin du Pas-de-Calais, découvert 10 ans auparavant, commençait à être mis en valeur. Dans tout le pays, le sous-sol avait été exploré, les limites du terrain houiller se précisaient et de hardis industriels se groupaient pour l'exploitation de ce nouveau gisement qui devait transformer, avec une prodigieuse rapidité, une région jusque-là purement agricole en un des grands centres houillers d'Europe.

Parmi les nouvelles entreprises, se trouvait la Société des Mines de Lens, constituée en 1852 par un groupe d'industriels Lillois.

Ses débuts avaient été difficiles et en 1856, ses fondateurs avaient fait appel à la collaboration du gendre de l'un d'entre eux, M. Édouard Bollaert, alors ingénieur ordinaire des Ponts et Chaussées, à Lille. M. Bollaert, qui avait contribué par ses conseils à l'exploration du gisement, fut nommé Agent Général de la Société.

Dès lors, la Société des Mines de Lens se développa rapidement et en l'espace de 10 années, 4 puits furent foncés, mis en service et reliés par voie ferrée au canal de la Deûle à Pont-à-Vendin.

Devant l'importance des travaux à étudier et à exécuter, M. Édouard Bollaert vit la nécessité de s'adjoindre un ingénieur spécialement chargé de la direction des travaux du fond, que les questions d'organisation générale ne lui permettaient plus d'assurer entièrement. M. Daubrée, alors Directeur de l'Ecole Nationale Supérieure de Paris, signala d'une manière toute personnelle à M. Bollaert les mérites du jeune Ingénieur Reumaux « que ses aptitudes extraordinaires auraient dû faire sortir le premier de sa promotion ».

M. Bollaert le fit venir, le jugea d'un coup d'œil et le proposa à son Conseil d'Administration. Celui-ci, par mesure d'économie, sans doute, hésitait à renforcer sa direction technique. M. Bollaert insista et alla jusqu'à déclarer que si l'aide d'un technicien si capable de développer l'affaire lui était refusée, il préférerait renoncer à diriger la Société.

Devant une telle déclaration, le Conseil fit droit à la proposition de son Agent Général et le 1er mai 1866, M. Elie Reumaux, ingénieur civil des Mines, fut nommé ingénieur en Chef de la Société des Mines de Lens. Il était alors âgé de 27 ans.

Ces deux hommes éminents, d'une intelligence et d'une science égales, l'un déjà mûri par l'expérience, l'autre plein d'une ardeur juvénile et d'une confiance que ni l'âge, ni l'adversité ne pourront abattre, vont dès lors concevoir, organiser et exécuter en parfaite harmonie un programme de travaux qui, en peu d'années, élèvera la Société des Mines de Lens au premier rang de l'industrie minérale française. Resté seul après la mort de M. Edouard Bollaert auquel il succéda en 1898, M. Reumaux poursuivra l'œuvre commune, la développant sans cesse, faisant des Mines de Lens un véritable monument industriel.

En 1866, la production de Lens était d'environ 350.000 tonnes. En 1872, elle atteignait 500.000 tonnes et le problème se posa de charger une partie importante de ce tonnage dans les péniches de la Deûle à Pont-à-Vendin. M. Reumaux y construisit un quai d'embarquement, achevé en 1873. Cette installation, à peine modifiée depuis, reste encore aujourd'hui un modèle parfait dans tous ses détails et d'une économie qui n'a pas été dépassée.

A la même époque commencèrent les travaux de fonçage du puits N° 5, au milieu de difficultés incessantes causées par d'énormes venues d'eau, contre lesquelles on ne possédait alors que le moyen de l'exhaure directe. « C'était, disait plus tard » M. le Président Motte, une lutte difficile contre les » forces aveugles de la nature, et pour vaincre, il » fallut toute l'habileté de l'ingénieur, toute l'autorité » et l'énergie du chef, toute l'expérience du praticien. » Le puits fut creusé, les installations du jour » s'élevèrent, remarquables par leur conception toute » nouvelle, par leur puissance, par l'élégance de leur » silhouette. Ce fut la première fosse moderne à » grande production ». Mais il fallut cinq ans de travail acharné pour en mener à bien l'achèvement.

Le développement de l'industrie minière met alors à chaque instant l'ingénieur devant de nouvelles difficultés, devant de nouveaux problèmes ; M. Reumaux les résoud par de nombreuses inventions. Il perfectionne l'ancien matériel, en crée de nouveau ; ses appareils de criblage et de triage, ses taquets hydrauliques se répandent dans tout le bassin ; il invente, met au point, réalise de nombreux dispositifs destinés à assurer la sécurité du personnel dans les descentes ou les manœuvres ; la plupart des Compagnies les adoptent. En récompense de ces travaux, il reçoit en 1879, des mains de M. de Freycinet, Ministre des Travaux Publics, la Croix de la Légion d'Honneur.

Entre temps, la Société de Lens avait acquis la concession de Douvrin avec un puits qui devint le N° 6, et le creusement des deux puits du siège N° 7, à Wingles, avait été entrepris.

En 1882, année au cours de laquelle l'extraction dépassa 1.000.000 de tonnes, un grave accident d'exploitation donna à M. Reumaux l'occasion de manifester d'une façon étonnante sa science d'ingénieur, son audace et la certitude de ses méthodes. Le jeu d'une faille insoupçonnée, à 50 m. au Sud du puits N° 6 et à la profondeur de 285 m., provoqua une communication inopinée entre le niveau aquifère du calcaire carbonifère et les travaux d'exploitation. La venue d'eau fut de 30.000 m³ par 24 heures ; en peu de temps, la fosse fut entièrement noyée, on la jugea irrémédiablement perdue.

Tel ne fut pas l'avis de M. Reumaux qui, grâce à des plans levés avec la plus grande précision, mit en œuvre un procédé d'une incroyable hardiesse, consistant à fermer, par des travaux conduits de la surface, le beurtia par lequel les eaux du calcaire s'étaient répandues dans les galeries souterraines. Netteté de la conception, ingéniosité des dispositifs, persévérance dans l'exécution, tout fut réuni dans ce véritable chef-d'œuvre de l'ingénieur des Mines et le succès fut complet. Le serrement établi, l'épuisement des eaux put être effectué et en 1883, la fosse N° 6 fut rendue à l'extraction.

Le siège N° 7 terminé, le puits N° 9, les sièges 8 et 10 suivirent. Le creusement des puits de ce dernier siège, à Vendin-le-Vieil, rendu particulièrement difficile par la présence à la tête des morts-terrains de marnes aquifères et inconsistantes, amena M. Reumaux à réaliser un nouveau progrès de l'art des Mines. Le fonçage à niveau vide n'ayant pu être poursuivi, il introduisit en France et mit véritablement au point le procédé Poetsch de congélation préalable des terrains. Cet exemple fut suivi, à partir de cette date, par les Mines du Nord et du Pas-de-Calais, jusqu'à l'apparition du procédé de la cimentation.

En 1892, l'extraction avait atteint 2.000.000 de tonnes ; 4 années plus tard, grâce à l'ouverture des fosses 11 et 12, elle dépassait 2.500.000 tonnes.

Mais déjà l'attention de MM. Bollaert et Reumaux s'était portée sur le vaste champ des industries annexes qui commençait à peine de s'ouvrir.

En 1892, la Société de Lens avait repris l'exploitation d'une batterie de 30 fours à coke construits à Vendin, à proximité du quai d'embarquement, par la Compagnie des Transports de St-Dizier ; à ces premiers fours " à flammes perdues ", M. Reumaux ajouta rapidement d'autres unités et en 1897, construisit à Vendin-le-Vieil, près de la fosse N° 8, un ensemble important de fours à récupération avec leurs usines de sous-produits, benzols et goudrons.

Le 7 janvier 1898, M. Edouard Bollaert disparaît, ayant dirigé la Société pendant 42 ans, l'ayant amenée déjà à un haut degré de développement ; M. Reumaux dont, pendant 32 ans, il a encouragé toutes les initiatives, lui succède ; il va poursuivre sans relâche l'œuvre commencée et la continuer avec une vigueur et une hardiesse sans cesse plus grandes.

Déjà, en 1900, l'extraction avait atteint 3.000.000 de tonnes ; la Société des Mines de Lens s'était placée au premier rang de l'industrie minière du pays et, à l'occasion de l'Exposition Universelle, son chef éminent reçut de M. Millerand, Ministre des Travaux Publics, la rosette de la Légion d'Honneur.

Les années qui suivirent furent marquées par de nouveaux développements. Successivement furent ouvertes les fosses 13, 14, 15 et 16, et dans l'exercice 1912-13, l'extraction de la Société dépassa 4.000.000 de tonnes. 384 fours à coke, des types les plus modernes, furent édifiés, 120 autres étaient en construction en 1914 et en fin de cette année, la production aurait été poussée à 800.000 tonnes par an ; des usines chimiques, des centrales étaient créées, le personnel dépassait 16.000 ouvriers.

Ce personnel était, de la part de son chef, l'objet d'une sollicitude éclairée, constamment en éveil. Le logement de l'ouvrier mineur était l'une des préoccupations favorites de son esprit ; chaque année, il créait un type nouveau, modifiait, améliorait les types précédents ; ses visites dans les cités étaient l'école où il prit sa maîtrise de l'habitation ouvrière hygiénique, commode, répondant aux désirs des ménagères. Ainsi s'élevèrent, autour des principaux sièges d'extraction, de grandes cités ouvrières bien aérées, pourvues de jardins et squares, avec leur église, leurs écoles, les dispensaires, les consultations de nourrissons, les coopératives.

Près de 8.000 logements avaient été construits avant la guerre.

C'est au milieu de ces cités que M. Reumaux passait les meilleures heures de sa vie. Continuant les généreuses créations de M. Edouard Bollaert, il développait les Sociétés de médaillés, d'archers. En toutes circonstances, il aimait à se rapprocher de ses ouvriers ; il leur parlait des souvenirs communs, de leur métier, de leurs enfants. Sa bienveillance, empreinte d'une exquise simplicité, restera sans doute le trait le plus touchant de son existence.

Le Gouvernement reconnut les éminents services de M. Reumaux et lui conféra, en 1910, le grade de Commandeur de la Légion d'Honneur. Cette promotion fut l'occasion d'une manifestation émouvante, qui réunit dans un même élan de sympathie et d'admiration, les plus hautes personnalités officielles, les collègues de M. Reumaux, ses collaborateurs. Mais si cette haute distinction a pu causer une légitime fierté au Directeur Général des Mines de Lens, elle ne lui apporta certes pas plus de joie que la Médaille d'Honneur du Travail qui lui avait été conférée en 1904, à l'occasion de sa trente-huitième année de services.

C'est de cette phase de la carrière de M. Reumaux que date le développement, qu'on peut dire extra-professionnel, de la Société des Mines de Lens.

L'utilisation de l'énergie électrique pouvant être produite par les gaz disponibles des fours à coke, utilisation qu'il fut des premiers à entrevoir, l'amena à s'occuper des distributions d'électricité ; il reprit et rénova la Société de Halage Électrique ainsi que la Compagnie Électrique du Nord.

La nouvelle industrie des sous-produits de la distillation de la houille l'amena à fonder, avec ses collègues, le Comptoir des Benzols et le Comptoir des Sulfates. Il développa cette industrie qu'il poussa jusqu'à la fabrication des produits purs et il pensait à créer une grande usine de produits colorants pour contribuer à affranchir son pays d'un lourd tribut payé à l'Allemagne.

Pour asseoir cette nouvelle industrie sur une production de coke certaine, il fonda, en participation avec la Société de Commentry-Fourchambault et Decazeville, la Société Métallurgique de Pont-à-Vendin, qui, en quelques années, éleva à Wingles une puissante usine dont la mise en marche devait avoir lieu au printemps de 1915.

M. Reumaux avait élaboré tous ces projets, mais l'homme propose et Dieu dispose! Il était à la veille d'un immense désastre.

Le 3 août 1914, l'Allemagne déclara la guerre à la France; le lendemain, M. Reumaux voyait partir le plus grand nombre de ses ouvriers, la plupart de ses collaborateurs. Pendant les mois d'août et septembre, l'extraction put néanmoins continuer, bien que fort réduite, mais elle dut cesser complètement le 4 octobre, date à laquelle les ennemis entrèrent dans Lens.

Dès leur arrivée, ils dynamitèrent les machines d'extraction, coupant les câbles, précipitant au fond cages et berlines. Le 13 octobre, M. Reumaux dut assister, en personne, à la destruction de la fosse N° 13 qui porte son nom.

L'armée allemande sait bien que ces destructions n'ont aucune portée militaire, mais elle veut, et le déclare, ruiner notre industrie.

Elle s'organise sur place, elle va s'y maintenir 4 ans, jour pour jour, jusqu'au 4 octobre 1918.

Alors commence pour les malheureux habitants de Lens, à proximité de la bataille, une vie de misère et de privations.

Dans la mesure où les circonstances le permettent,

M. Reumaux ne change rien à ses habitudes. Chaque matin il se rend à son bureau ; il participe à l'organisation du ravitaillement des habitants restés à Lens ; pour suppléer au manque de numéraire, il émet des billets au nom de la Société des Mines de Lens ; pour tous, sa présence est un encouragement, son action, un réconfort.

On ignore tout du reste de la concession. Les Allemands ont occupé militairement les puits et les usines et en ont interdit l'accès. De temps à autre, quelques-uns des employés restés auprès de lui s'aventurent jusqu'au N° 8 ou à Liévin ; mais le plus souvent, accompagnés par des soldats, constamment épiés, ils ne rapportent que de vagues renseignements : les installations de la Société ont souffert, mais le gros œuvre reste intact et on peut toujours envisager une rapide remise en état.

En septembre 1915, l'offensive franco-britannique rapproche de Lens la ligne de combat ; Loos est reconquis, notre siège N° 15 est repris ; et alors, soit crainte de devoir abandonner le pays, soit plutôt parce qu'ils ont trouvé dans cette circonstance le prétexte qu'ils cherchaient, les Allemands organisent la destruction systématique de nos mines.

M. Reumaux a beau protester de toutes ses forces contre ces dévastations inutiles au point de vue militaire, rien n'y fait. Et dans toutes les usines, dans toutes les fosses l'explosif ravage chevalements, machines, chaudières, bâtiments. Bien plus, les

Allemands ont chargé des ingénieurs venus spécialement de Westphalie de diriger la destruction par l'explosif des cuvelages des puits pour noyer entièrement les travaux souterrains. M. Reumaux s'efforce d'écarter ce désastre : par suite du manque d'aérage et d'entretien, les galeries du fond sont devenues impraticables, toutes les têtes de puits sont gardées, il suffirait de les murer en n'y laissant qu'un petit orifice pour éviter l'accumulation du grisou. Tout est dit, mais en vain, les cuvelages sont dynamités et l'inondation totale des travaux souterrains est bientôt consommée.

Tout autre que lui, en voyant anéantir l'œuvre de toute sa vie, eût au moins demandé quelque temps pour se ressaisir. Avec une fermeté d'âme inébranlable, M. Reumaux regagne son bureau et se met aussitôt à l'ouvrage ; déjà il reconstruit.

Mais les obus tombent plus nombreux sur la ville, les bureaux centraux de la Société sont atteints plusieurs fois. Aux premiers jours de 1916, un obus pénètre dans le bureau de M. Reumaux, éclate et pulvérise une partie du mobilier. Sans aucun doute, il est tué, tout au moins blessé ; on se précipite, on le trouve à sa table de travail. Quelques jours après un obus met le feu aux archives et en l'espace de 4 heures, il ne reste plus des bureaux que cendres et quelques pans de mur.

La situation n'est plus tenable, toute prolongation de séjour devient inutile et, à Lille où il doit se rendre deux ou trois fois, on insiste auprès de M. Reumaux pour qu'il se fasse évacuer. Pendant quelques mois encore, il s'obstine à rester à Lens et c'est un immense champ de ruines qu'il abandonne avec un profond serrement de cœur en Mai 1916. A Valenciennes où il est accueilli par M. Champy, Directeur Général des Mines d'Anzin, il commence le plan de reconstitution de sa Société et quand 10 mois plus tard il sera rapatrié en France, il aura prévu tout ce qu'il faut pour reconstruire les Mines détruites ; en traversant la Suisse avant de rejoindre les siens, dont il est séparé depuis plus de 2 ans, il s'occupe des commandes nécessaires au dénoyage.

Ses administrateurs, ses collaborateurs qui sont venus au devant de lui, anxieux de sa santé plus encore que des nouvelles qu'il apporte, le trouvent inchangé, alerte, confiant, tout prêt à entreprendre l'œuvre immense de la reconstitution à un âge où l'on n'aspire le plus souvent qu'au repos. Il est sans regrets, il ne parle que de projets : « Il faut 10 ans » pour reconstruire Lens, dit-il à la Société des » Ingénieurs Civils dont il avait été Président et qui » vient de lui décerner la Présidence d'Honneur, » mais battons l'ennemi d'abord ! Battons-le complè- » tement ! Qu'il reçoive le juste châtiment de ses » crimes ! et au lendemain de la Victoire, on nous » trouvera tous prêts, unis pour les œuvres de répa- » ration, pour le prompt et entier relèvement des » régions indignement dévastées ».

Dix ans pour reconstruire Lens ! Et pour la première fois peut-être, il lui vient un doute. Maître de sa pensée, il ne l'est pas de sa vie et il a jugé que pour mener à bien cette tâche immense, il faut avoir la certitude de pouvoir la diriger jusqu'au bout. C'est alors qu'il résigne ses fonctions de Directeur Général et qu'il confie le soin de reconstituer son œuvre détruite au plus fidèle de ses collaborateurs ; M. Cuvelette, qui, depuis 12 ans, a participé d'une façon si intime à ses travaux, qui, lui aussi, a foi dans l'avenir, et a déjà préparé la reconstruction de Lens tout en concourant à la défense nationale, lui succède.

Le Conseil d'Administration, désireux de s'attacher un concours plus précieux que jamais et en souvenir des 52 ans de services de M. Reumaux, appelle son ancien Directeur Général au siège laissé vacant par le regretté M. Albert Motte et 2 ans plus tard, à la mort de M. Théodore Barrois, il le nomme Président.

Puis, les Aciéries du Nord et de l'Est et la Compagnie du Chemin de fer du Nord, l'invitent à siéger dans leurs comités ; les Houillères Sinistrées lui confient la Présidence de leur Groupement et Sarre et Moselle la Présidence de son Conseil.

A Sarre et Moselle, il aperçoit du premier coup d'œil les défauts de la direction allemande, il y remédie et en deux ans, l'extraction augmente de 50 %. Il se consacre entièrement à l'administration de cette aftaire qu'il rajeunit. A Lens où il revient régulièrement, dans tout le bassin houiller du Nord et du Pas-de-Calais qu'il parcourt, il s'enquiert de toutes les dispositions nouvelles au profit de sa Société adoptive. Et le 28 octobre 1922, se rendant à Carling pour une réunion du Comité de Direction, M. Reumaux, par suite de circonstances inexpliquées, tombe du train en pleine voie. Le voyageur qui l'accompagnait fait arrêter le convoi ; les employés de la gare d'Ars-sur-Moselle le trouvent à quelque distance, tué sur le coup. Ils le transportent à la gare, dressent une chapelle ardente et, avec le concours empressé de la municipalité, rendent d'une façon touchante un suprême hommage à ce grand français.

LES FUNÉRAILLES

Les funérailles de M. Elie REUMAUX ont eu lieu à Lens le 4 novembre 1922, au milieu d'une affluence considérable. La ville entière était en deuil et avait voulu rendre les derniers honneurs à celui qui avait tant contribué à sa prospérité. Des trains spéciaux avaient été organisés de Paris et de Lille.

A onze heures moins le quart, le clergé, conduit par M. le Chanoine Henneguet, archiprêtre de Lens, pénètre chez M. Léon Tacquet, son gendre, où le corps a été déposé, et le cortège se forme dans l'ordre suivant :

D'abord une brigade de gendarmerie et la police municipale, puis un groupe de mineurs choisis parmi les plus anciens et composé de quatre chefs porions, quatre porions, quatre surveillants et quatre ouvriers ; la Fanfare Ouvrière, la Compagnie des Sapeurs-Pompiers et son drapeau, l'Union des Mutilés et Anciens Combattants, l'Union du Commerce et de l'Industrie, la Chorale « *La Cœcilia* », la Société Philharmonique et la Symphonie Lensoise, la Société de Secours Mutuels « *La Fraternelle* », les enfants des écoles, les instructeurs des Sociétés de Préparation Militaire avec les drapeaux, la Délégation des

Médaillés du Travail, l'Harmonie des Mines de Lens, plus de trente couronnes portées par des ouvriers mineurs, enfin, le coussin avec la cravate de Commandeur de la Légion d'Honneur, la Croix d'Officier de Léopold de Belgique, la Médaille du Travail, porté successivement par le plus ancien chef porion et le plus ancien géomètre.

Puis viennent le clergé et le corbillard suivis des religieuses et de la famille, le Conseil d'Administration des Mines de Lens, les délégués officiels des Conseils d'Administration dont le défunt faisait partie, le délégué du Préfet et le Sous-Préfet de Béthune, le Conseil municipal de la ville de Lens au complet, la délégation du Bureau de Bienfaisance et des Hospices, les Directeurs des Compagnies Houillères, les Ingénieurs et Chefs de Service des Mines de Lens, etc.

Le cortège est encadré par des ouvriers mineurs de la Société en tenue de travail.

Les cordons du poêle sont tenus d'abord par MM. Félix Bollaert, Vice-Président du Conseil d'Administration des Mines de Lens ; Basly, Député-Maire de Lens ; Barrois, Membre de l'Institut ; de Peyerimhoff, Vice-Président du Comité Central des Houillères de France et de la Société Houillère de Sarre et Moselle ; Guillet, Président de la Société des Ingénieurs Civils de France ; Mercier, Directeur Général des Mines de Béthune, Président de la Chambre des Houillères du Nord et du Pas-de-Calais ; Lisle, Administrateur de la Compagnie du

Chemin de fer du Nord, et Stirn, Sous-Préfet de Béthune, puis MM. Cuvelette, Administrateur-Directeur Général des Mines de Lens, Verrier, Guinamard, Coulon, Hanicotte, Ingénieurs en Chef; Brachet, Ingénieur Principal adjoint à la Direction; Debacker, Chef porion, et Lefebvre-Dessaut, Président de la Société des Médaillés.

Le deuil est conduit par MM. Paul Reumaux, son fils, Léon Tacquet, son gendre, par ses frères, MM. le Docteur Reumaux et le Lieutenant-Colonel Reumaux, et par ses petits gendres, MM. René-Grégoire Sainte-Marie, Jean Debayser et Raymond Saint.

La famille et quelques proches seulement peuvent pénétrer dans la chapelle provisoire où M. l'Archiprêtre Henneguet officie.

En raison du nombre des assistants, l'offrande commence aussitôt. L'Harmonie des Mines de Lens joue, pendant l'Office, des morceaux de circonstance.

Avant de donner l'absoute, Monseigneur Julien, Evêque d'Arras, prononce l'allocution suivante :

MESSIEURS, MES TRÈS CHERS FRÈRES,

Est-il une oraison funèbre qui soit égale à l'éloquence du magnifique spectacle que nous avons sous les yeux ? Quelle incomparable manifestation de sympathie et de regret, d'estime et d'hommage, que cet immense cortège d'amis, de collaborateurs à tous les degrés, qui se presse derrière la dépouille mortelle de M. Elie Reumaux et vient apporter le tribut de ses condoléances et de ses prières à la famille de l'éminent défunt, sans oublier cette autre famille qui lui était presque aussi chère, la Direction des Mines de Lens.

Mais puisque l'Évêque d'Arras avait, lui aussi, la douce obligation de témoigner par sa présence aux obsèques que le cœur de son diocèse tout entier a pris part à ce grand deuil, vous attendez de moi, mes très chers frères, quelques mots de réconfort et de consolation.

D'autres diront, qui sont mieux placés pour le dire, tout ce que la Compagnie de Lens doit au génie de l'homme qui a eu la bonne fortune de consacrer à cette grande entreprise la puissante et infatigable activité d'une longue carrière. Avec quel légitime orgueil il pouvait, à la veille de la guerre, en 1914, contempler le magnifique essor, dont il était, pour une bonne part, le principal artisan ! Et quels regrets remplis de larmes devait-il un an après promener sur les ruines immenses où gisait, écrasée sous la rage d'un ennemi jaloux, l'œuvre de tant d'années, de tant de veilles, de tant de soins, de tant d'amour !

D'autres, sans doute, auraient pu se laisser abattre et s'écrouler avec les ruines elles-mêmes, en s'écriant : « C'est fini pour Lens et fini pour moi ! » Mais non, votre administrateur, Messieurs, n'était pas de ceux qui pensent avoir jamais fini. Ce qui courbe les épaules des faibles, redresse le buste des forts. Quand l'Allemand crut bon de se débarrasser de la présence, sans doute gênante, même pour un vainqueur, de ce vieillard dont l'intrépidité avait pour eux quelque chose d'insolent, M. Elie Reumaux, de loin ne cessa pas de songer au désastre de sa mine, et sans plus tarder il se remit au travail, préparant dès lors les plans d'une restauration qui devait commencer dès le lendemain de la paix. C'est dans cette attitude d'un grand courage et d'un grand caractère que je le trouvai, lorsque j'eus l'honneur pour la première fois de le saluer à son domicile à Paris, en l'été 1917.

J'eus tout de suite l'intuition que le réveil de l'industrie de la

France, confiée à de telles énergies, était aussi sûr que la Victoire. Ce serait méconnaître M. Reumaux que de réduire son œuvre à l'organisation matérielle des Mines de Lens. Dans l'ingénieur éminent, dans le Président du Conseil d'Administration, il y avait plus qu'un puissant esprit, qu'une vaste intelligence ; il y avait un homme, un chrétien, un cœur. Le meilleur de sa mémoire restera écrit dans la reconnaissance de la population minière de Lens.

Que n'a-t-il pas fait pour ses chers mineurs, en vue d'améliorer leur logement, de procurer à leur famille les secours de tous genres contre la maladie, contre l'infirmité, contre la vieillesse ? Les œuvres sociales trouvèrent en lui un adepte fervent, qui joignait à la conviction, la volonté d'un réalisateur. Rappelez-vous, avant les ruines, ces œuvres si nombreuses et populaires, ces écoles qui sont inséparables de son nom — il me pardonnera cependant d'y associer celui d'une femme dévouée qui en fût l'âme, elle l'est toujours, Mme Oberlé. — Les écoles ménagères où se formaient les futures femmes de ménage qui apprenaient à rendre agréable le séjour de la maison, pour défendre leurs maris contre les attraits du cabaret; ces jardins ouvriers qui attendaient les mineurs au sortir des puits pour leur offrir du soleil, de l'air pur, une promesse de légumes frais et par dessus tout, le plaisir du travail libre.

Faut-il parler des jeux et des sports mis à la disposition des jeunes gens, comme si M. Reumaux avait voulu imiter jusqu'au bout la divine Providence qui pourvoit à tout, usque ad delicias, jusqu'à nos divertissements ?

Ai-je besoin de vous apprendre, mes très chers frères à quelle source puisait son intarissable charité celui que les mineurs de Lens appelaient à juste titre leur père ? Croyant jusqu'aux moelles, fidèle à la pratique de sa foi catholique, M. Reumaux savait par là réaliser le commandement du Sauveur qui oblige les heureux de la terre à venir au secours de leurs frères moins favorisés, par là aussi, il rendait grâce au Dieu qui avait béni son labeur dans sa personne, dans sa famille, et dans sa cité minière, et qui, de plus, par faveur spéciale, lui avait accordé de belles et d'actives années, au point que la vieillesse était venue sans lui apporter aucune de ses infirmités ordinaires.

Toujours droit, toujours occupé, toujours utile, le vénérable vieillard allait, venait, travaillait comme si l'heure du repos ne devait jamais sonner. Hélas ! la mort jalouse veillait ; on eut dit qu'elle désespérait de le saisir dans un instant d'inaction. Elle le surprit dans un vulgaire accident ; seul triomphe qu'elle pouvait espérer sur lui. Qu'ai-je dit, le surprendre ? Un tel homme, un tel chrétien, était prêt. Il allait au devoir, donc il allait à Dieu. Sa grande âme put se présenter devant le Souverain Juge, telle qu'elle était tous les jours, remplie d'œuvres, mais aussi d'humilité, ayant toujours rapporté à son créateur et maître et à Jésus-Christ, son Rédempteur, tout son labeur, tous ses succès, toutes ses charités et tout son bonheur.

Puis, le corps est déposé à la sortie de la chapelle sous un velum édifié à proximité et M. Félix Bollaert, au nom du Conseil d'Administration des Mines de Lens, prend le premier la parole. Puis lui succèdent :

M. Guillaume, Directeur des Mines, au nom du Gouvernement de la République française,

M. l'Abbé Lemire, Député du Nord, au nom de la Flandre,

M. de Peyerimhoff, Vice-Président du Comité des Houillères, au nom du Comité Central et de la Société Houillère de Sarre et Moselle,

M. Guillet, Vice-Président de la Société des Ingénieurs Civils, au nom de cette Société,

M. Mercier, Président de la Chambre des Houillères du Nord et du Pas-de-Calais,

M. Lisle, Membre du Comité de Direction de la Compagnie des Chemins de fer du Nord,

M. Barrois, Membre de l'Institut, Président du District Nord de la Société de l'Industrie Minérale,

M. Guerre, Directeur-adjoint des Mines de Courrières, au nom de l'Association et du Groupe du Nord des Anciens Élèves de l'École des Mines de Paris,

M. Cuvelette, Administrateur-Directeur Général des Mines de Lens, au nom du personnel,

M. Lefebvre-Dessaut, au nom de la Société des Médaillés des Mines de Lens.

Dans le même ordre qu'à l'arrivée, le cortège se remet en marche et traverse toute la ville au milieu de l'émotion la plus respectueuse jusqu'au cimetière où le corbillard arrive entre une double haie de couronnes, de sapeurs-pompiers, d'enfants des écoles, et le corps est descendu dans le caveau de famille par huit ouvriers mineurs au milieu du calme recueilli et respectueux d'une foule considérable d'amis venus jusque là pour défiler devant la tombe et saluer la famille.

LES DISCOURS

Discours de M. Félix BOLLAERT

M. Félix Bollaert, au nom du Conseil d'Administration des Mines de Lens, prend le premier la parole :

Messieurs,

C'est en proie à une tristesse profonde qu'avant de commencer ce discours je veux évoquer, devant les enfants de mon cher Président, les précieux souvenirs qui unissent nos deux familles depuis plus d'un demi-siècle.

Au nom du Conseil d'Administration des Mines de Lens, je salue avec émotion et avec admiration la mémoire de notre vénéré et très aimé Président.

L'éminent ingénieur que nous pleurons nous est ravi en pleine activité, (j'allais dire en verte jeunesse) par l'inéluctable destin.

En lui l'industrie française perd l'un de ses représentants les plus illustres, tout à la fois géologue des mines, exploitant remarquable, inventeur de matériel chaque jour appliqué, successivement directeur général et administrateur de Lens, grand philanthrope et ami dévoué de ses employés et ouvriers.

Sa notoriété, sa réputation étaient si répandues qu'à

l'annonce de la catastrophe de sa mort, la voix de la Presse publiait aussitôt les grandes lignes de son existence et de sa belle carrière et lui rendait un unanime hommage.

Quant à nous, qui avons vécu dans son intimité et collaboré avec lui pendant longtemps (il accomplissait sa cinquante-sixième année de services aux Mines de Lens), les souvenirs se pressent sur nos lèvres et, si les minutes de cette cérémonie n'étaient comptées, nous ne pourrions tarir la source, toujours émouvante, de nos éloges et de nos regrets.

Nous savions de quelles merveilles était capable le tempérament de ce puissant organisateur qui, par ses efforts réunis à ceux des fondateurs et des premiers artisans de la grande entreprise des Mines de Lens, avait pu l'amener au plein de son développement quand éclata la terrible tourmente de 1914.

Aussi pouvons-nous mesurer la profondeur du sacrifice qu'il dut faire quand, attendant de pied ferme en octobre 1914 les envahisseurs et leur opposant un front d'airain, il vit s'écrouler, sous leurs coups monstrueux, tout l'édifice, fruit de toute sa vie.

Ceux de nos collaborateurs qui ne l'ont pas quitté durant ces jours d'angoissante horreur m'ont dit et redit avec piété combien notre grand Reumaux fut plus grand encore dans l'adversité.

Mais la guerre se poursuivit et, quand après un long exil à Valenciennes, je l'aperçus, le reçus et l'embrassant, avec quelle émotion ! sur le quai de la gare de Paris-Lyon, le 25 février 1917, il était rentré par la Suisse pour y commander les premières pompes d'épuisement, nos puits ayant été dynamités. Quel haut moral il nous rapportait de ce pauvre Lens anéanti.

Dès lors, il rencontre régulièrement ceux de nos collègues mobilisés qui sont de service à Paris et prend avec eux, jusqu'à l'armistice, les mesures les plus propres à réoccuper nos mines. Sans hésiter, il proclame, comme assurée, la victoire prochaine.

Quels exemples il semait autour de lui — exemples qui ne seront pas perdus.

Le 25 novembre 1918, le Conseil d'Administration peut enfin se compléter et invite notre cher Reumaux à siéger dans son sein où il remplaça notre Président Albert Motte, décédé à Roubaix pendant l'occupation.

A la mort du regretté Théodore Barrois, victime, lui aussi, des rigueurs de la guerre, il est élevé, par l'unanimité de nos suffrages, à la Présidence du Conseil.

Il remplit ce poste avec l'énergie, la décision, la compétence, l'expérience et la hauteur de vues que vous savez. Sa confiance en le relèvement rapide de nos ruines était sans limites, et il me dit un jour : « Si Dieu me donne encore dix ans à vivre, je verrai nos mines plus prospères qu'avant la guerre ! »…..

Hélas, pourquoi faut-il qu'en pleine santé il disparaisse tragiquement !

C'est ce caractère de haute envergure, c'est cette vie de cristal au milieu de collaborateurs de tout rang, que je me sens impuissant à magnifier, comme il le faudrait.

Mais là haut, ce croyant, ce chrétien peut, dans la céleste sérénité, mesurer la valeur de nos regrets et de nos larmes, la sincérité de nos sentiments reconnaissants pour les services de toute sa vie.

Au revoir, mon cher Président, notre ami si cher, qui vivez dans la lumière éternelle !

Discours de M. GUILLAUME

M. Guillaume, Directeur des Mines, au nom du Gouvernement de la République française :

MESSIEURS,

Au moment où m'échoit le douloureux honneur d'apporter à M. Elie Reumaux le suprême hommage du Gouvernement de la République, je ressens un trouble profond trop justifié par la conscience de la difficulté de la tâche qui m'incombe.

Quand la faveur de notre destinée veut que dans la vie notre route se croise avec celle d'un de ces hommes que le poète a appelé « Les porteurs de flambeaux dans notre nuit profonde », la nette perception de l'éclat qu'ils projettent échappe à notre entendement, obscurci par les brumes d'ici-bas. La sérénité tranquille, l'auguste simplicité d'un Reumaux atténuaient la rayonnante clarté de son intelligence et l'abaissaient, en quelque sorte, jusqu'au niveau de notre médiocrité.

Voilà que le voile s'est déchiré, que Reumaux est entré dans l'histoire. Et, cherchant, dans un intime recueillement, à embrasser dans une même vision et cette grande figure, et toute son œuvre, notre esprit est saisi d'une craintive admiration, et comprenant mieux ce que fut Reumaux et ce qu'il fit, nous nous prenons à murmurer : je ne croyais pas qu'il fut si grand.

Grand, Reumaux l'a été par toutes les manifestations de sa prodigieuse activité, par toutes les merveilleuses qualités de son esprit et de son cœur. Grand, il a été par la tâche que, sublime ouvrier, il a poursuivie inlassablement, dominant de toute la puissance de son inébranlable fermeté les résistances passives de la matière, comme aussi, hélas, les forces destructives du mal. Grand il a été, par son amour pour les petits, par sa constante sollicitude pour les plus humbles collaborateurs qui ont apporté leur modeste pierre à l'édifice construit par cet admirable architecte.

Est-ce ici, Messieurs, où tout parle de Reumaux, est-ce à vous qui êtes pour la plupart ses disciples, qui avez contemplé ses travaux et recueilli sa pensée, qu'il est utile de rappeler quelle a été son œuvre ? Qu'ajouterai-je au surplus à ce qui a été dit au cours des cérémonies qui ont marqué les étapes successives de sa brillante carrière et redit au cours de cette cérémonie même, la dernière et la plus solennelle ?

Mais, Messieurs, pour apprécier pleinement l'œuvre de Reumaux, il nous faut sortir de ce cadre qui est trop plein de lui et porter nos regards par delà nos frontières. Nous voyons des pays auxquels la nature prodigue a livré des richesses faciles à réaliser, s'enorgueillir de l'essor plus rapide de leur production minière et étaler les chiffres de leurs statistiques comme donnant la mesure de leur science et de leur culture ; se contenter de faire grand et de généraliser les solutions moyennes, se flattant de surprendre l'admiration au moyen de façades grandioses, derrière lesquelles l'observateur averti a vite fait de saisir les défauts d'un travail hâtif et d'une technique souvent insuffisante.

La conception de l'art des mines français, tel que nous l'enseigne l'œuvre de Reumaux, nous la voyons, au contraire dans l'adaptation adroite et constante des méthodes d'exploitation aux conditions du gisement. Pour arriver à cette fin, il faut, avant tout, que l'ingénieur s'exerce à lire dans le grand livre de la nature ; qu'il en déchiffre assidûment les phrases les plus difficiles ; que par une vie constante dans la mine il s'obstine à en pénétrer les secrets ; que par une application continue et une longue patience, il discerne malgré la complexité des phénomènes naturels, les moyens les plus appropriés à vaincre ces éternels ennemis du mineur, qu'ils aient nom : feux, coup d'eau, chutes de blocs, grisou ou poussières ; il faut qu'économe de richesses trop parcimonieusement distribuées il s'applique à ne rien perdre de ce qui constitue le patrimoine national ; il faut enfin qu'il ne se tienne pas pour satisfait tant qu'il reste un effort à faire ou une amélioration à apporter.

Et voilà par quelles prouesses de labeur le fécond Reumaux a élevé le superbe édifice que constituait le Lens de 1914.

La tourmente est venue ; elle a submergé l'édifice et l'œuvre incomplète du canon, la joie de nuire l'a parachevée dans une rage odieuse de destruction.

Mais Reumaux demeurait à son poste, inébranlable. A l'envahisseur qui croyait ensevelir l'ouvrier sous les décombres de son œuvre, il montrait que ses coups n'avaient de prise que sur la matière et que l'on n'abat pas l'âme française.

Et gardant indestructible sa confiance dans les destinées de la France immortelle, aux heures les plus sombres, il échafaudait dans son esprit, l'édifice nouveau qui allait renaître des ruines : le Lens que vous voyez surgir autour de vous. Au lendemain de la délivrance, l'infatigable travailleur animait à nouveau ses collaborateurs et ce vieillard de quatre-vingts ans recommençait la tâche de toute sa vie.

Bien plus, son activité inlassable exigeait des horizons toujours plus vastes et il allait porter à nos provinces recouvrées le concours de sa science incomparable de mineur. Du premier coup d'œil, il apercevait les défauts de l'exploitation allemande et les remèdes à y apporter pour mettre en pleine valeur le beau gisement de Sarre et Moselle.

Et c'est là, que l'heure du repos a brusquement sonné pour lui.

Dormez en paix, maître, dans cette terre de Lens qui a été un des principaux champs de bataille de la France et qui est plus particulièrement votre champ de bataille à vous, où par un labeur acharné de 50 années vous avez remporté une première et éclatante victoire sur les forces de la nature et où, par un magnifique sursaut d'énergie vous avez ramené l'espoir et la vie là où la rage haineuse avait semé la désolation et la mort.

Dormez en paix sur le lieu de votre double triomphe. Dans la cité de Mémoire où vous habitez désormais, sachez que tant qu'il y aura des mineurs en France leur travail sera comme un hymne chanté à la gloire du grand précurseur et du grand honnête homme que vous fûtes ici bas.

Discours de M. l'Abbé LEMIRE

M. l'Abbé Lemirè, Député du Nord, au nom de la Flandre :

Messieurs,

En souvenir d'un entretien suprême — le dernier qu'il ait eu en venant à Lens entre sa fille et son gendre, et où son œil vif et son cœur ardent, restés tels à 82 ans comme à 30, se tournaient vers la Flandre, son pays natal, vers les mineurs ses enfants, vers la Sarre un joyau pour la France — qu'il me soit permis d'adresser une parole d'adieu à M. Reumaux au nom de cette Flandre bien-aimée.

De ce vieux pays et de sa famille, dont les membres y sont dispersés depuis Cassel jusqu'à Dunkerque, il restera l'honneur.

Il en restera l'honneur par sa haute intelligence, par son labeur obstiné, par sa fidélité tenace à nos traditions familiales et religieuses, comme par son attachement hardi à tous vos progrès scientifiques, Messieurs les Ingénieurs, et surtout par son amour pour les ouvriers vos collaborateurs.

A ceux-ci, lui qui n'avait pas oublié les grands ormes et les pommiers fleuris qui bercèrent son printemps, il a voulu assurer, par le jardin joint à la mine, un coin de ciel au-dessus de leur tête, de l'air pur pour leurs poumons, une nourriture saine pour leur table, de la joie et du réconfort pour leur femme et leurs enfants.

A cause de cela, la mémoire de M. Reumaux sera bénie dans notre Flandre rurale, comme elle l'est dans votre région industrielle.

Que le Dieu, auquel il a cru et qui lui a inspiré tout le long de sa carrière une imperturbable confiance, accorde à cette belle intelligence, qui n'a pas connu une heure d'obscurcissement, la lumière qui ne s'éteint pas. A cette activité qui ne s'arrêta jamais, qu'il accorde l'éternel repos dans un monde meilleur.

C'est notre vœu, à nous ses compatriotes.

Discours de M. de PEYERIMHOFF

M. de Peyerimhoff, Vice-Président du Comité des Houillères, au nom du Comité Central et de la Société Houillère de Sarre-et-Moselle :

Messieurs,

Celui auquel nous venons rendre les derniers devoirs a personnifié avec tant de bonheur, d'équilibre et de durée, les qualités essentielles de notre profession, qu'il n'est pas un d'entre nous qui n'ait, en apprenant sa brusque fin, senti l'industrie minière orpheline de son modèle en même temps que de son doyen, et ne se soit senti lui-même privé d'une vivante raison d'aimer et honorer son métier.

Des voix amies vous retraceront les étapes de cette prodigieuse carrière et ses puissants résultats, et ses récompenses légitimes. Je n'en veux rappeler que l'harmonie unique et cette plénitude si dense et si continue d'efforts et de réalisations qui a fait de la vie d'Elie Reumaux la plus longue, la plus magnifique et la plus féconde des journées de travail.

C'était un grand ingénieur, également doué pour la mécanique où il fit à plusieurs reprises œuvre personnelle d'inventeur, et, pour la mine qui lui offrit, au cours de son demi-siècle passé d'exploitation d'un gisement inégalement facile, la gamme à peu près complète des solutions techniques à dégager et à appliquer.

C'était un puissant organisateur. Passer dans un même charbonnage de 350.000 à 4 millions de tonnes est moins une question d'installation et de crédits qu'un problème de choix et de maniement des hommes. M. Reumaux y était passé maître. Il avait le plan rapide et clair, une autorité qui ne faisait suivre de tous sans effort comme sans réplique, un bon sens et un bon cœur qui le tenaient également averti des légitimes besoins de son personnel et des difficultés de sa tâche.

C'était un homme d'affaires avisé et ouvert, au jugement sûr, à la volonté ferme, dont la courtoise dignité en imposait à tous, avant qu'une dialectique simple et brève, mais qui portait avec une extrême justesse, eût convaincu l'associé ou réduit l'adversaire.

C'était un homme brave et bon. Il avait ce courage tranquille qu'aucun revers n'abat, que n'énerve aucun succès. Il avait l'optimisme de l'homme d'action, non point aveugle mais méthodique. Il avait un sens constamment éveillé de l'intérêt général et du bien tout court. Cet homme chargé d'une des tâches industrielles les plus lourdes du monde trouvait toujours quelques heures pour des études ou des entreprises désintéressées. Les questions sociales le retenaient autant que les questions techniques. Le bien-être de ses ouvriers lui était une préoccupation de tous les jours. Jusqu'à la dernière minute il aura été animé de ce goût d'action créatrice, de ce désir de bien faire, qui sont la durable jeunesse et la saveur vraie de la vie.

C'était enfin — et quel n'est pas le prix de ce terme devant ces ruines effroyables à peine relevées, devant le péril toujours menaçant du chaos économique mondial — c'était un travailleur infatigable, d'un puissant rendement et d'un équilibre de l'esprit et du corps qui défiait les années et emportait l'admiration. J'entendrai toujours notre grand ami, lorsqu'au sortir de la captivité allemande dont il avait été si difficile, vous vous souvenez, de le faire échapper, nous le serrions dans nos bras et lui demandions ses projets. Cet homme qui touchait à la huitième décade de la vie nous répondait avec sa douceur tranquille : « Il me faut dix ans pour remettre Lens en état ». L'ennemi tenait encore ses fosses. Les obus bouleversaient chaque jour davantage ses installations et cette ville pilonnée jusqu'au ras du sol. Il était déjà à l'œuvre.

Au lendemain de la paix, s'il put repasser à un lieutenant sûr et doué entre tous la responsabilité directe de la reconstruction de Lens, ce ne fut pas pour défendre son effort, mais pour l'appliquer avec plus de liberté à des champs élargis. Les devoirs de la victoire le trouvèrent aussi prêt que l'avaient trouvé les horreurs de l'invasion.

Il assuma la présidence de ce groupement des houillères sinistrées du Nord et du Pas-de-Calais qui a assuré avec tant de succès la couverture des besoins financiers de nos charbonnages détruits.

Une vieille affaire lorraine, tombée il y a quelques décades d'années aux mains de magnats d'Outre-Rhin, était mise à la disposition des charbonnages sinistrés en paiement très partiel de leurs dommages. M. Reumaux en prit charge en tant que Président, heureux de pouvoir compenser, avant l'heure où l'intensité de la destruction de Lens le permettrait, l'insuffisance désolante de notre production charbonnière, heureux d'apporter aussi, à coups d'amélioration et de transformations, la preuve éclatante de la supériorité des méthodes françaises d'exploitation.

Il se donna à cette tâche nouvelle avec sa foi, son allant, son succès habituels. En deux ans l'exploitation de Sarre et Moselle était transformée, l'extraction augmentée de 50 %, les perspectives d'avenir élargies. M. Reumaux s'y complaisait comme le père de famille aux soins du dernier né. Il s'en occupait assidûment, car à cet octogénaire vaillant entre tous, c'est à peine si le repos s'imposait parfois, et jamais il n'eut à formuler ce « Nunc dimittis » noble et triste du grand serviteur au soir de la trop longue journée.

Il se rendait à Carling samedi. C'est en chemin, dans la nuit, que le signe mystérieux lui est fait. Une portière bat sous le vent et la pluie. Ses compagnons de route le voient disparaître. Et le voici.

Tel nous l'avons aimé et admiré, tel il nous a quittés. Tout entier : sans une défaillance, sans un amoindrissement.

Messieurs, ce n'est pas un deuil que nous voulons mener ici. Saluant respectueusement les douleurs familiales qui nous entourent, refoulant, s'il est besoin, les larmes d'amitié, nous venons recueillir l'enseignement suprême, la fin sereine de la plus haute leçon professionnelle qu'il ait été donné à notre génération de recevoir. Ce n'est pas que pour nous qu'elle vaudra. Les jeunes hommes qui nous entourent, ceux-là mêmes qui nous suivent, y trouveront à leur heure un exemple et une espérance, l'exemple le plus éloquent, et la plus encourageante espérance.

Au nom du Comité Central des Houillères, de cette maison commune que son vénéré vice-président savait bien sienne, au nom de M. Darcy, contemporain et ami de M. Reumaux, qui eut souhaité par dessus toutes choses être ici, et que l'indisposition et un deuil récent retiennent malheureusement à Paris, au nom de la Société Houillère de Sarre et Moselle, au nom du Groupement des Houillères du Nord et du Pas-de-Calais, au nom, vous me le permettrez, de la famille minière tout entière, j'apporte ici l'hommage suprême d'une pieuse reconnaissance et d'un souvenir qui ne s'effacera point.

Discours de M. GUILLET

M. Guillet, Vice-Président de la Société des Ingénieurs Civils, au nom de cette Société :

Mesdames, Messieurs,

Au nom de la Société des Ingénieurs civils de France, je viens déposer un dernier hommage sur la tombe de notre Président d'honneur et dire ici la peine si profonde que tous nous ressentons.

Membre de la Société depuis 1904, M. Reumaux fut appelé dès 1905, à notre Comité, dans la Section des Mines et de la Métallurgie ; l'année suivante, il en prenait la direction et en 1908, nous eûmes le grand honneur de le voir présider nos séances.

D'ailleurs, deux ans avant qu'il fût des nôtres, le Jury chargé de décerner les grands prix Henri Schneider pour les différentes branches du Génie Civil, l'avait promu lauréat dans la Section des Mines, rappelant ainsi tout ce que l'on devait à l'éminent ingénieur et au grand administrateur que nous pleurons aujourd'hui. Tous les grands progrès auxquels son nom restera attaché furent alors évoqués : les taquets hydrauliques, les taquets excentriques, l'évite-molette, les enclanchements des barrières du fond, des signaux et des taquets du jour et aussi et surtout l'aménagement méthodique d'une concession dont la production annuelle a passé, en 44 années, de 200.000 tonnes à 3 millions et demi de tonnes de houille, permettant de distribuer plus de 700 millions de salaires.

Enfin, lorsqu'en février 1917, M. Reumaux put rentrer à Paris, après deux ans de séjour en territoire envahi, plus de trente mois de souffrances physiques et morales atroces, la Société des Ingénieurs Civils de France tint à lui dire toute son admiration et, dans une séance solennelle, présidée par M. Herdner, lui conféra le plus haut titre qu'elle pouvait lui décerner, celui de Président d'honneur de notre Société.

Aucun des nôtres n'a oublié cette brillante réunion ; malgré les grandes tristesses de l'heure, la joie était peinte sur tous nos visages, tellement était sincère le bonheur que nous ressentions en retrouvant au milieu de nous notre cher Président. Combien sont restées profondément gravées les paroles qu'il prononça alors.

Vous me permettrez bien d'en rappeler quelques-unes ici ; au moment si cruel où s'ouvre cette tombe, dans ce pays que M. Reumaux a tant aimé et où il a tant souffert :

« Dans le pays envahi, d'où j'arrive, j'ai passé de mauvais » jours, j'ai assisté, impuissant et attristé, à bien des ruines, » mais ni vous, ni moi, ne sommes de ceux qui se laissent » abattre, ou qui s'attardent à de stériles regrets. Notre vaillante » armée nous donne un merveilleux exemple de courage et de » persévérance. Cet exemple, nous saurons l'imiter sur le » terrain industriel. Au lieu de nous lamenter sur des ruines, » nous les relèverons. . .

....

» Battons d'abord l'ennemi ! Battons-le complètement ! » Qu'il reçoive le juste châtiment de ses crimes ! Et au » lendemain de la victoire, on nous trouvera tous prêts, unis » pour les œuvres de réparations, pour le prompt et entier » relèvement des régions indignement dévastées ».

Mon cher Président,

Dormez ici votre dernier sommeil, au milieu de vos collaborateurs et de vos amis, dans cette région qui vous doit son développement.

En vous, nous pleurons le grand ingénieur, à l'inlassable

activité, l'homme de bien toujours préoccupé des œuvres sociales pouvant améliorer l'existence de l'ouvrier, l'éminent collègue dont l'aménité, la bienveillance et la simplicité constituaient un charme si profond, le savant président qui donna une nouvelle impulsion à notre Société et qui disparaît, au milieu de l'émotion de tous, entouré de la respectueuse affection de ceux qui l'ont connu et qui ne pourront l'oublier.

Au nom de tous les membres de la Société des Ingénieurs Civils de France, je vous dis un suprême « Au revoir ».

Discours de M. MERCIER

M. Mercier, Président de la Chambre des Houillères du Nord et du Pas-de-Calais :

MESSIEURS,

C'est avec une profonde émotion et le cœur étreint d'une grande tristesse que je m'approche de ce cercueil. Les coups du Destin nous frappent d'autant plus qu'ils nous atteignent plus brutalement, et l'imprévu de cette fin tragique nous laisse encore stupéfaits, incapables d'en percevoir la réalité.....

Réalité, hélas, qui nous prive d'un technicien éminent, de l'un des génies industriels les plus clairvoyants de notre époque, et aussi d'un homme affable et dévoué à tous.

Qu'il me soit permis de retracer brièvement ici son admirable carrière, dont le souvenir demeurera, pour les générations à venir, un immortel exemple.

Sorti de l'École des Mines de Paris, Élie Reumaux débuta à la Compagnie de Béthune. En 1863, il entre comme ingénieur aux mines de Lens; il en était ingénieur en chef en 1866.

Arrivé presque aux débuts de l'exploitation, il eut le bonheur de créer de toutes pièces la plupart des installations.

En 1866, Lens était un village presque exclusivement agricole de 3.000 habitants; il en fit la cité bourdonnante que nous avons connue il y a quelques années, cité industrielle de plus de 30.000 habitants; il en fit le centre charbonnier le plus important de France, portant l'extraction de sa Société de 300.000 à 4 millions de tonnes, plus du dixième de la production totale française.

Mais au prix de quel labeur, au prix de quels efforts ?

Ingénieur hors de pair, toujours à l'affût du progrès, réalisant lui-même de nombreuses inventions, prévoyant les besoins de l'avenir, ayant une vision claire des difficultés et les résolvant sans hésitation, tel est le souvenir que l'on garde de l'ingénieur Reumaux. On se rappellera longtemps le rare sang-froid et l'habilité stupéfiante qu'il montra lorsque la fosse N° 6, inondée, fut considérée comme perdue par tous les techniciens. Il la sauva cependant.

Mais sa tâche fut plus grande encore, et plus noble.

Tout en poussant l'extraction de telle sorte que Lens fut placée au premier rang, il réserva toujours sa plus grande sollicitude à son personnel, préoccupé d'en assurer la sécurité et le bien-être. La plupart des inventions dont la technique minière lui est redevable portent sur des dispositifs destinés à éviter les accidents de la descente et de la montée, accidents si fréquents jusqu'alors, et qu'il réussit heureusement à faire disparaître presque totalement.

Parallèlement, cherchant à améliorer le sort de ses ouvriers, il faisait construire des habitations dont il modifiait sans cesse l'ordonnance, instituant partout des œuvres de secours et d'assistance, formant des groupes scolaires, des écoles d'apprentissage, des sociétés musicales et sportives, réalisant ces coquettes cités ouvrières que l'étranger nous enviait.

Aussi était-il adoré des travailleurs autant qu'il était estimé de ses collègues.

En 1898, il était le Directeur Général.

En l'année 1901, s'ouvrit pour l'industrie houillère une ère de difficultés commerciales intenses, provoquée surtout par la concurrence étrangère, notamment par la concurrence allemande marchant sous l'impulsion du syndicat rhénan-westphalien. Soucieux de faire face à l'écoulement de la production du bassin et de favoriser l'essor dont sa Compagnie donnait le plus bel exemple, M. Reumaux fut l'ardent promoteur de la lutte d'ensemble de toutes les mines du Nord et du Pas-de-Calais, et c'est ainsi que naquit le Service de Satistique et de renseignements commerciaux, qui avait pour but de préciser le terrain de la lutte et de rassembler les efforts.

Depuis, il eut, comme Président des délégations patronales, à diriger les débats dans toutes les réunions d'exploitants et d'ouvriers; l'autorité qui s'attachait à son nom lui rendit toujours cette tâche aisée.

Retracerai-je ici le calvaire qu'il subit au cours de la guerre?

Demeuré à son poste malgré l'invasion, il défendit jusqu'à la dernière minute ses travaux et son personnel. Durant ces années terribles, il put voir son œuvre s'effriter peu à peu sous les coups répétés de l'ennemi. Tous ces travaux, qu'il avait conçus, exécutés, il les vit disparaître un à un, enfants sacrifiés sous les yeux de leur père.... Dirai-je la cruauté raffinée de l'Allemand qui le contraignit à assister personnellement à la destruction de la fosse N° 13 qui portait son nom.

Malgré ces épreuves, il conserva une dignité et une fermeté qui furent le meilleur soutien de la population minière, opposant à la fureur de l'ennemi une barrière infranchissable qui brisa toujours son élan.

Bien loin d'abattre son courage, cet effondrement fut pour lui un stimulant et, sollicité par tous ceux qui avaient pu apprécier la justesse de ses vues et la puissance de ses conceptions, il se remit plus que jamais au labeur, poussant les travaux de reconstruction avec une fiévreuse activité, appliquant son génie à résoudre les problèmes formidables que la guerre avait posés.

Entré au Conseil d'Administration des Mines de Lens, il en devint Président en 1920, à la mort de M. Théodore Barrois.

Bien qu'il assumât déjà de lourdes charges, il accepta la présidence du Conseil d'Administration de la Société Houillère de Sarre et Moselle; car on ne sollicitait jamais en vain M. Reumaux lorsqu'il s'agissait de l'intérêt général. Il se mit à la tâche avec toute l'activité d'un homme qui débute dans sa carrière, et, sous sa vigoureuse impulsion, la Société de Sarre et Moselle a franchi un pas qui peut lui faire envisager l'avenir avec tranquillité.

Elargissant de plus en plus le cercle de son action, il rendait à l'industrie tout entière, il y a quelques jours à peine, les services les plus éminents. Faisant preuve d'une activité inlassable, donnant à tous le spectacle d'une vivacité de corps et d'esprit que l'âge n'avait point atteinte, prodiguant partout les conseils que lui suggérait sa grande expérience, il était universellement aimé, estimé et respecté.

Sa perte est d'autant plus irréparable qu'il était appelé à rendre encore les plus grands services au pays, qui pouvait à bon droit le tenir pour un des chefs industriels les plus éclairés, les plus précieux.

Les récompenses lui vinrent, nombreuses.

Promu Chevalier de la Légion d'honneur en 1879, Officier en 1900, il avait été élevé à la dignité de Commandeur en 1910, et chacun espérait lui voir remettre bientôt la Croix de Grand Officier. En 1904, il avait reçu la médaille d'honneur du travail.

Mais M. Reumaux était modeste, et si ces honneurs étaient pour lui d'un grand prix, c'est que, disait-il, ils étaient l'œuvre du personnel dont il avait la direction, à qui il en attribuait tout le mérite.

La famille qu'il avait fondée lors de son trop court passage à la Compagnie de Béthune pleure aujourd'hui un père tendrement aimé, dont la grande bonté se manifestait en toutes circonstances.

Si quelque chose peut adoucir les larmes des siens et de ceux qui ont eu le bonheur de l'approcher, c'est de le voir tombé sur son champ de bataille, en pleine action, dans toute sa puissance, dans toute sa gloire, après avoir eu, suprême récompense de toute une vie de labeur éclairé, la satisfaction de voir son œuvre renaître de ses cendres,

Mais est-il un adoucissement à de telles larmes? Est-il une compensation à une telle perte?

J'apporte à sa famille éplorée le témoignage de notre ardente sympathie, et respectueux d'une douleur que le temps seul pourra atténuer, simplement, profondément, je m'incline devant elle.

Au nom de la Chambre des Houillères du Nord et du Pas-de-Calais, en mon nom personnel aussi, j'adresse au Président Reumaux un dernier adieu.

Qu'il jouisse en paix du repos que Dieu lui a donné; les mineurs de France sauront perpétuer la noble tradition qu'il a inspirée et, grâce à lui, confiants dans l'avenir, continueront à suivre la route qu'il leur a tracée.

Discours de M. LISLE

M. Lisle, Membre du Comité de Direction de la Compagnie des Chemins de fer du Nord :

MESSIEURS,

Une bien vive émotion a saisi la Compagnie du Chemin de fer du Nord toute entière, en apprenant la fin si tragique de M. Elie Reumaux et je viens vous dire le profond chagrin que nous ressentons d'un tel malheur.

M. Reumaux était entré dans notre Conseil au mois de septembre 1918, deux mois avant l'armistice ; il y comptait déjà de nombreux amis et il y arrivait, pour ceux qui n'avaient pas encore l'honneur de le connaître, avec tout le prestige que lui avait valu son séjour à Lens pendant l'occupation, sa ferme attitude devant l'ennemi, son courageux dévouement à défendre ses ouvriers et les mines dont il avait la charge. Sa haute valeur morale égalait sa haute compétence des affaires et ce fut un privilège pour nous de pouvoir le compter au nombre de nos conseils les plus écoutés et aussi les plus aimés. Je me souviens qu'à la fin d'une de nos premières réunions après la libération de Lens, au moment même où l'on commençait à entrevoir l'abominable dévastation totale et sans exemple, il nous déclara de sa voix calme et tranquille qu'il comptait bien, avec de la volonté, reprendre avant trois ans l'extraction du charbon. Il ajoutait, il est vrai : sur une petite échelle d'abord ; mais pour nous, sinistrés comme lui, la seule pensée d'une reprise si rapide du travail, qui paraissait alors presque invraisemblable, fut un réconfort et un encouragement.

Nous mesurions l'immensité de la tâche qu'il avait devant lui et nous savions aussi à quel degré de prospérité il avait su porter les Mines de Lens avant la guerre, son inébranlable confiance a raffermi notre foi dans l'avenir.

M. Reumaux était, en effet, un admirable exemple de ces Français du Nord, courageux, entreprenants, travailleurs énergiques et tenaces, qui ont tant contribué au prompt relèvement de nos provinces dévastées, et mérité ainsi notre reconnaissance.

D'autres, mieux qualifiés, vous ont parlé de ses succès éclatants d'ingénieur, de ses efforts constants et généreux pour augmenter le bien-être de ses mineurs, de tout ce qu'il fit pour la ville de Lens, avant comme après la guerre, permettez-moi seulement d'admirer cette longue et belle vie, à la fois si simple et si pleine d'activité bienfaisante, si profitable au pays, toute consacrée au devoir. En perdant M. Reumaux, la Compagnie du Chemin de fer du Nord a perdu un de ses guides les plus vénérés.

Au nom de son Président, du Conseil et de tous, je prie sa famille de vouloir bien agréer ici l'hommage d'une respectueuse sympathie et d'un unanime regret.

Discours de M. BARROIS

M. Barrois, Membre de l'Institut, Président du District Nord de la Société de l'Industrie Minérale :

Messieurs,

Le district Nord de la Société de l'Industrie minérale perd en Elie Reumaux son Président d'Honneur, le Président de longues années. La Société doit l'hommage de ses regrets et un tribut de profonde reconnaissance à l'ingénieur éminent qui descend dans la tombe, laissant un nom qui fait époque dans l'histoire économique.

Hier nous nous réjouissions de son inlassable jeunesse; aujourd'hui nous devons nous lamenter misérablement, en notre deuil, d'avoir vu tomber, victime d'un accident banal, celui d'entre nous qui avait le plus fait pour préserver ses mineurs de semblable accident dans le périlleux voyage des puits de mines. Sans ses barrières de sûreté, sans les ingénieux dispositifs d'accrochage et de remonte qu'il avait inventés, il en est parmi nous qui ne le pleureraient pas aujourd'hui.

Sous la présidence habile et dévouée de Reumaux, le district Nord de l'Industrie minérale n'a connu que des succès. D'année en année, nous avons vu croître le nombre de nos membres, grandir l'intérêt des séances, l'importance des communications, le mérite de la production scientifique, la hauteur éducative des visites et réunions aux sièges et aux usines, tandis que par sa valeur morale, le désintéressement et l'élévation de son caractère, il savait maintenir parmi nous les liens de la plus franche camaraderie en même temps que la plus féconde émulation.

Sous son impulsion et entraînée par l'exemple de Lens, l'Industrie minérale n'a vécu dans le Nord que des jours glorieux. De tous pays on venait admirer les installations étudiées et exécutées sous sa direction. De tous côtés, on venait à Lens voir pousser des villes, affluer des populations entières, naître d'innombrables œuvres d'assistance et de prévoyance sociales créées par ce grand bienfaiteur

Reumaux avait pris Lens avec un tonnage modeste, il arriva à le décupler au cours de son existence, lui donnant un développement si extraordinaire que nous nous demandions ce qu'on devait le plus admirer, de la décision générale avec laquelle il avait osé, avant tous autres, mettre en prompte et complète valeur la concession toute entière, ou du talent infini avec lequel tout avait été mesuré, combiné, prévu, réalisé dans cette œuvre où rien n'avait été laissé au hasard.

Il avait réussi à faire de Lens la plus importante des mines françaises.

Lens produisait le dixième du charbon de la France et se couvrait d'usines pour le transformer, quand la guerre éclata. C'en était assez pour illustrer le nom d'un Directeur. Reumaux s'était classé au premier rang parmi les grands serviteurs du pays.

Il semblait que le temps était venu pour lui de jouir de son œuvre, de l'estime publique, du prestige et des honneurs que lui avaient valus une vie exemplaire de devoir et de travail ; tandis que le district Nord de l'Industrie minérale se flattait de garder longtemps encore à sa tête son Président qui ne connaissait pas la vieillesse et grandissait toujours avec les années.

Mais l'heure de l'épreuve avait sonné. Lens allait être détruit par le flot barbare, comme l'avaient été au cours des âges les grandes villes de l'antiquité qui ne se relèveront pas. De Lens, merveille de l'industrie charbonnière et de la technique moderne, il ne restait à la fin de la guerre que 2 millons 1/2 de mètres cubes de décombres, livrés à la pioche des déblayeurs : tout avait été détruit, brûlé, noyé, renversé. Debout, il ne restait plus qu'un homme, Reumaux, mais Reumaux tout entier.

Tandis que d'autres désespéraient, il estima que le pays en perdant Lens n'avait perdu que la matière qu'il avait mise en en œuvre, que les sous-produits de son activité : il lui restait ce qu'il avait fait de meilleur, des hommes faits à sa taille, un personnel capable de tous les efforts, de tous les miracles. Il ne douta jamais de la puissance du levier qu'il avait forgé et qui lui permettrait de tout relever.

Pour le mettre en œuvre, il n'attendit ni la fin des hostilités, ni l'appui des pouvoirs publics ; déjà en rentrant de captivité, et sur le chemin du retour, il trouvait moyen de s'arrêter en Suisse et de se mettre en rapport avec des constructeurs en vue d'étudier des pompes de dénoyage et des treuils électriques; desuite il installait de nouveaux bureaux, dessinant ses futures installations à mesure que disparaissaient celles qui faisaient l'objet de nos regrets : il reste toujours invincible, toujours supérieur à sa fortune. Il apprit au pays de France qu'il pouvait tout attendre et tout obtenir des fils qui lui restaient.

L'industrie nationale toute entière voulut profiter de son labeur. De toutes parts, on l'approcha dans les conseils, et nous avons vu notre Président d'Honneur allumer de nouveaux hauts fourneaux, réorganiser les transports de nos grandes Compagnies de chemin de fer, distribuer à tous la force, la lumière et la vie. Tous les jours il étendait la sphère de son activité et l'étendue de ses services à la Patrie blessée, quand la mort vint le frapper.

Si quelque chose peut, en un tel moment, être pour nous un adoucissement à la brutalité du sort qui nous le ravit, c'est l'idée qu'il est tombé à son poste de combat, en Lorraine reconquise, où l'appelaient les intérêts du bassin de Sarre et Moselle dont il avait accepté l'administration. Son dernier acte, comme sa dernière pensée, ont été pour cette grande cause, à laquelle il avait voué sa vie, du relèvement du pays par l'industrie houillère.

Reumaux que nous avons perdu et que nous pleurons amèrement, peut reposer tranquille, car son œuvre est complète. En quatre ans, il a relevé Lens, transformé le bassin de Sarre et Moselle, et repris avec ces deux filles la première place dans la production charbonnière française.

Qu'importe de vivre cent ans, à qui a sû refaire en quatre ans l'œuvre d'un siècle.

Discours de M. GUERRE

M. Guerre, Directeur adjoint des Mines de Courrières, au nom de l'Association et du Groupe du Nord des Anciens Élèves de l'École des Mines de Paris :

Messieurs,

En l'absence de notre Président, M. Julhiet, en son nom, au nom de l'Association et du Groupe du Nord des Anciens Élèves de l'École Nationale Supérieure des Mines de Paris, j'ai la triste mission de venir apporter un dernier et respectueux adieu à notre éminent camarade, M. Reumaux.

Il ne m'appartient pas de détailler ici les immenses services rendus tant à l'industrie minière qu'à son Personnel par celui qu'on a appelé si justement le « Premier Mineur de France ».

Qu'il me soit permis, du moins, de rappeler qu'à côté du Directeur qui sut donner à la Société des Mines de Lens cette remarquable prospérité que tout le monde admirait, il y avait aussi l'Ingénieur qui perfectionna si heureusement l'outillage des Mines et ne cessa de multiplier les moyens propres à assurer la sécurité de leurs ouvriers.

Si le technicien avait une réputation mondiale, sa bienveillance n'était pas moins connue et vous savez tous, Messieurs, avec quelle amabilité et quel désir d'être utile il accueillait ceux qui avaient besoin de ses conseils ou qui sollicitaient l'appui de sa haute autorité.

A ce titre, ses camarades de l'École des Mines de Paris lui garderont une reconnaissance infinie.

Après avoir lutté pied à pied pour défendre ses puits contre le vandalisme de l'ennemi, après une évacuation pénible, il ne chercha pas à se reposer et il continua à travailler pour le relèvement des ruines de sa chère Compagnie, tout en aidant les autres concessions de ses précieux conseils.

Ce fut véritablement le grand Français et le bon soldat pour lequel ses amis et ses collègues, comme ses subordonnés, avaient la vénération et l'affection la plus profonde.

Son œuvre restera justement célèbre et admirée, mais nous devons dire aussi que son souvenir restera pieusement gravé dans la mémoire de tous ses camarades auxquels il laisse un si magnifique exemple.

Au nom de ceux-ci, je prie ses enfants et sa famille de bien vouloir agréer nos sympathiques et bien sincères condoléances.

Discours de M. CUVELETTE

M. Cuvelette, Administrateur Directeur Général des Mines de Lens, au nom du Personnel :

MESSIEURS,

« C'est un mot qui n'a jamais été chrétien, ni vrai de » personne, mais qui l'est encore moins de l'homme que nous » regrettons, ce mot impitoyable prononcé sur toutes les » tombes : il n'est plus. Nous dirons au contraire : il nous a » quittés, mais nous ne l'avons pas perdu. Il n'est pas perdu » pour la science, cet infatigable ouvrier, car son œuvre est là, » scellée de son nom pour recevoir l'œuvre de l'avenir.... » Il n'est pas perdu pour l'amitié, qui lui était si tendrement » attachée : le tombeau d'un chrétien est comme ces pierres » de commémoration que les patriarches élevaient au bord de » la route, au lieu où ils se séparaient pour un peu de temps : » la séparation sera courte et le rendez-vous éternel ».

Quelles paroles mieux que celles-là, dites par le bienheureux Ozanam sur la tombe d'Ampère, son bienfaiteur et son ami, pourraient exprimer les sentiments du personnel des Mines de Lens, si profondément affligé par la mort tragique de M. Reumaux. Celui qui, pendant tant d'années, fut notre chef respecté, nous a quittés, mais son esprit demeurera en nous, nous ne l'avons pas perdu. L'œuvre de toute sa vie reste là, marquée de son nom pour recevoir l'œuvre de ceux qui viendront après lui. Et notre profonde douleur ne peut trouver d'atténuation que dans l'espoir de revoir, dans un monde meilleur, ce chef tant aimé.

Les plus anciens de nous avaient débuté sous ses ordres, il les avait tous précédés à Lens, où il entra en 1866, choisi par le premier Agent Général de la Société, M. Edouard Bollaert, dont le sûr jugement et la clairvoyance aiguisée avaient su deviner les remarquables qualités du jeune ingénieur. Investi de la pleine confiance de ce chef éminent, auquel il succéda après 32 années de collaboration affectueuse, encouragé par la sympathie constante du Conseil d'Administration, M. Élie Reumaux constitua peu à peu, au cours des jours et des années, ce véritable monument industriel qu'était la Société des Mines de Lens en 1914.

Dans cette période de près d'un demi-siècle, avec M. Bollaert d'abord, seul ensuite, il fit passer l'extraction de notre Société de 300.000 à plus de 4 millions de tonnes, l'engageant résolument dans toutes les voies du progrès, dans toutes les branches du développement industriel, ateliers de carbonisation et d'agglomération du charbon, usines de récupération et de traitement des sous-produits, centrales électriques.... ; période marquée aussi par tant de perfectionnements qu'il apporta à l'art du mineur, au matériel des fosses, aux appareils de sécurité et qui avaient étendu son nom bien au-delà des limites de notre Société et avaient contribué à en faire un des plus grands noms du monde minier ; période marquée enfin par les distinctions qui consacrèrent son rare mérite, Chevalier de la Légion d'Honneur en 1879, Officier en 1900, Commandeur en 1910.

Ses collègues et ses pairs viennent de rendre hommage au grand ingénieur, à l'administrateur éminent dont le regard se faisait toujours plus clair à mesure que son horizon devenait plus large ; je veux surtout rappeler ici ce qu'il avait fait pour son personnel, le souci constant qu'il montra de sa sécurité et de son bien-être, je veux évoquer cet admirable ensemble d'institutions sociales qu'il avait créées ou développées, et dont nous lui disions en 1910, lorsqu'il fut élevé au grade de Commandeur de la Légion d'Honneur :

« Là, l'ouvrier sait que sa journée finie, il retrouvera un » foyer que vous avez fait toujours plus spacieux, et toujours » plus commode, il sait de quels soins vous avez entouré ses » enfants, quelle éducation morale, quelle saine instruction » ils reçoivent dans ces églises, dans ces écoles, que continuent

» les enseignements du ménage et du jardin, l'ouvroir et » l'atelier de couture. Il sait aussi les initiatives que vous avez » prises pour assurer sa santé et son avenir, il sait enfin que » votre attention se porte même à ses jeux, aux délassements » sains que vous lui préparez et où il se complaît ».

Un dévouement sans réserve, une respectueuse admiration, une reconnaissante affection, tels étaient les sentiments qu'un long passé de travaux communs, l'enseignement de sa vie entière, sa bienveillance éclairée avaient fait naître dans le cœur de son personnel ; dévouement, admiration, affection, que le temps fortifiait, que chaque jour augmentait. Avec quelle intensité ces sentiments s'exprimaient dans toutes nos réunions traditionnelles, quel bonheur c'était pour lui d'y sentir tous les cœurs battre à l'unisson du sien !

Puis la guerre est survenue, qui a ajouté l'auréole du sacrifice au rayonnement de sa vie ; il resta à son poste de devoir, sa présence au milieu des nôtres demeurés à Lens, au milieu des familles de ceux qui étaient aux armées, fut pour tous le grand réconfort. Il soutint les premiers, il les aida à supporter la dure épreuve ; les autres savaient que les leurs n'étaient ni abandonnés, ni sans appui, puisqu'il était là.

Mais quel calvaire il dut gravir en ces douloureuses années ! Ceux qui n'ont pas vu, au lendemain de l'armistice, sur la dernière ligne de bataille, ce qui avait été sa maison et son jardin, ceux-là ne peuvent pleinement comprendre la grandeur du devoir qu'il accomplit en demeurant dans cet enfer pendant les premières années de la guerre ; ceux qui n'ont pas vu le vaste champ de ruines de Lens ne peuvent pleinement comprendre le déchirement qu'il subit, en voyant tomber, l'une après l'autre, toutes les installations qu'il avait créées, ils ne peuvent pleinement apprécier la fermeté d'âme qu'il témoigna quand il nous fut rendu, ne nous apportant ni paroles de découragement, ni plaintes, ni regrets, mais exprimant sa confiance, toute sa confiance, dans la résurrection de Lens.

Ce jour-là, il nous donna la leçon suprême. L'homme est grand qui, si haut que le sort l'élève, reste égal à son sort ; mais il est surtout grand celui qui, dans l'adversité, garde toute la lucidité de son âme et sait dominer son destin. *Justum ac tenacem,* l'homme ferme en ses desseins, que le spectacle des ruines n'ébranle pas, que les coups du sort ne peuvent abattre, tel il nous revint après le désastre, tel il sut nous inspirer la foi qui l'animait, rassemblant autour de lui toutes nos énergies pour que, sur cette terre de Lens, sanctifiée par tant de sacrifices, se relevât bien vite son œuvre, plus vivante que jamais.

Tant de liens, nés d'une collaboration aussi longue, nés dans la joie et dans la peine, ne peuvent être tranchés par l'accident qui l'a enlevé brusquement à l'affection de sa famille, à notre affection, arrêtant le cours de sa belle carrière, en plein rendement de toutes ses facultés, alors que sa merveilleuse activité et la merveilleuse jeunesse de son esprit semblaient défier la fatigue et la mort.

M. Reumaux, chef aimé et respecté, vous nous avez quittés, mais nous ne vous avons pas perdu. Nous conserverons précieusement en nos cœurs le souvenir de votre vie, vie d'une unité si pleine, d'une conception du devoir si haute, d'une bonté si éclairée et si agissante ; nous resterons fidèles aux admirables leçons qu'elle renferme, afin de demeurer dignes de notre passé, dignes de vous-même.

Et moi, que vous avez choisi pour vous aider, à qui vous avez confié ensuite la tâche de refaire l'œuvre détruite de votre vie, pourrai-je jamais oublier combien il faisait bon travailler avec vous, pourrai-je jamais oublier qu'en toutes circonstances vous m'avez soutenu de vos bienveillants conseils, de votre ferme appui ? Non, je m'honorerai toujours d'avoir été votre élève, puis votre ami, non, je ne prononcerai pas sur votre tombe le mot d'adieu, je vous dis au revoir, l'au revoir de ceux qui ont longtemps suivi le même chemin et qui, en se quittant au détour de la route, conservent l'espoir de se retrouver au rendez-vous suprême, au terme de leur voyage.

Au revoir, cher Monsieur Reumaux.

Discours de M. LEFEBVRE-DESSAUT

M. Lefebvre-Dessaut, au nom de la Société des Médaillés des Mines de Lens :

Mesdames, Messieurs,

C'est avec une profonde émotion et une grande tristesse que, dimanche matin, les Médaillés des Mines de Lens ont appris la mort de leur vénéré Président d'honneur. Et quand lundi, la nouvelle se précisa, les vieux qui se rencontraient ne disaient que quelques mots : « Nous avons perdu notre père, victime du travail ».

Cher et vénéré Président,

Les Médaillés remplissent en ce jour un devoir de reconnaissance et de gratitude en venant vous dire adieu.

Ils n'oublieront jamais ce qu'ils doivent à la sollicitude que vous avez constamment témoignée, à ceux que vous appeliez vos vieux collaborateurs.

Les Médaillés garderont toujours un reconnaissant souvenir des idées généreuses concernant les rapports du Travail et du Capital que, sur vos propositions, le Conseil d'Administration avait adoptées en leur faveur.

Nous prions les membres de votre famille et MM. les Membres du Conseil d'Administration d'agréer le témoignage de notre sympathie attristée.

A vous, mon cher Président, nous disons : « Au revoir ».

LILLE, L. DANEL.

www.ingramcontent.com/pod-product-compliance
Ingram Content Group UK Ltd.
Pitfield, Milton Keynes, MK11 3LW, UK
UKHW022130260726
13993UKWH00003B/1339